Arsène Alexandre

Réflexions sur les Arts et les Industries d'Art en Algérie

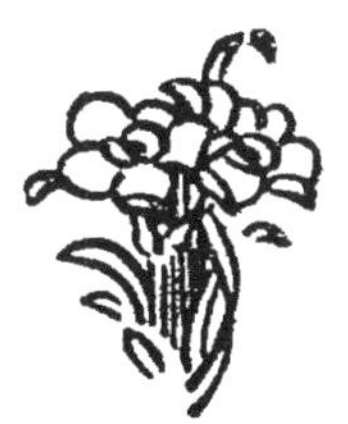

ALGER
ÉDITION DE L'AKHBAR
1907

Arsène Alexandre

▽

Réflexions sur les Arts
et les Industries d'Art
en Algérie

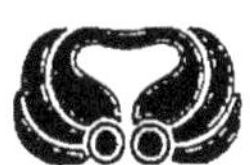

ALGER
ÉDITION DE L'*AKHBAR*
1907

A

M. JONNART

Gouverneur Général de l'Algérie

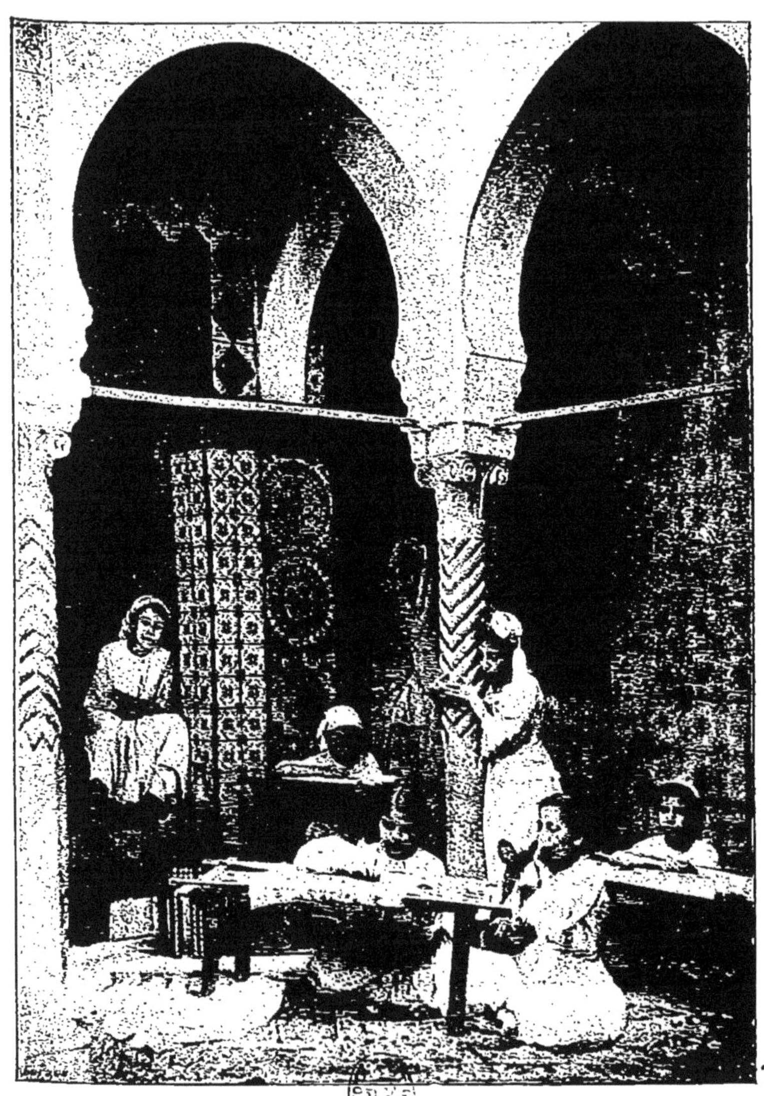

Ouvroir de Broderie indigène de Mme Luce Ben-Aben

Réflexions

sur

les Arts et les Industries d'Art en Algérie

Monsieur le Gouverneur Général,

Dans un pays comme l'Algérie, qui est déjà en possession d'un beau et solide passé, et qui a toutes raisons de compter sur un magnifique avenir, les préoccupations de l'esprit revendiquent une place au premier rang, et elles n'ont pas moins d'importance que les questions d'affaires.

Elles sont intimement liées, même, à la prospérité publique, puisqu'elles en sont à la fois comme la floraison et l'embellissement.

Colonisation intellectuelle

L'Algérie, ayant sa vie personnelle, caractéristique, inspirée sans doute par les mêmes besoins et les mêmes aspiration, régie par les mêmes lois que

dans la métropole, mais d'un accent forcément différent, puisque la nature, le climat, sont différents et
que les êtres y possèdent ou y acquièrent une phy-
sionomie particulière, l'Algérie, dis-je, doit avoir son
art à elle, c'est-à-dire pouvoir, par ses artistes et
ceux qui viennent s'établir chez elle, formuler
l'expression de sa vie, l'émanation idéale de son sol
et de ses esprits.

Elle devrait même, malgré l'excessive centralisa-
tion que l'on voit régner en France, avoir sa
littérature, puisque aussi bien elle eut, dans l'anti-
quité et aux temps de l'Islam, ses orateurs et ses
poètes. Mais je ne signale cette possibilité que pour
mieux indiquer comment l'Algérie pourrait préten-
dre, tout en demeurant la France, à développer toute
l'originalité et toute la beauté qui sont en elle, et
devrait s'y efforcer passionnément.

D'ailleurs, toute transplantation contraire à la
nature, aussi bien dans le domaine de l'esprit que
dans celui de la matière, fera tache momentanément
et sera destinée à périr. Les esprits et les regards
qui ont la notion de l'harmonie et de la logique en
seront choqués, et la force implacable du ciel et du
sol, le courant même de la vie se chargeront du
reste.

Tout l'encouragement au développement intellec-
tuel et artistique qui doit accompagner le développement de la richesse et de la force algériennes, doit
être donné dans un sens conforme au fond même
de la vie et à la logique de la terre.

D'autre part, le progrès de l'art en Algérie ne doit
pas être considéré seulement comme l'expression
raffinée de la vie et son ornement. Il faut voir aussi
dans l'activité artistique, un élément de fortune, de
prospérité publique. Elle le doit être doublement, dans

un pays qui attire, grâce à ses immenses ressources naturelles, les intelligences et les initiatives, et qui, grâce à la séduction du son ciel, à sa luxuriante ou grandiose beauté, à la variété surprenante de ses aspects, sera de plus en plus une des rares et des surprenantes attractions du monde pour ceux qui ont le loisir et la fortune.

Plus cette terre — en même temps que son industrie, son commerce, son importance politique s'accroîtront — deviendra cultivée, parée, embellie par les artistes et par les penseurs, plus elle augmentera son prestige et son charme. Elle est fille de la France, mais une de ces filles grandies de qui la beauté rivalise avec la beauté maternelle, présentant toutes les grâces de la jeunesse à côté de toutes les splendeurs de la maturité. Il lui faut donc des parures qui lui soient propres et n'aient point l'air d'être empruntées ou copiées sur celles d'un autre âge et d'un autre tempérament. Cette parure, il faut s'en préoccuper avec amour.

Vous avez, Monsieur le Gouverneur Général, entre autres grands soucis d'avenir, été particulièrement préoccupé de celui-là. Les artistes et tous ceux qui ont à cœur la culture de notre pays, doivent vous en être profondément reconnaissants. Ils doivent faire de leur mieux pour vous seconder dans cette haute mission.

Pour ma part, tout en étant vivement honoré de la tâche que vous avez bien voulu me confier : d'étudier l'état général des arts en Algérie actuellement, et les moyens de leur faire accomplir de nécessaires progrès, tout en ayant poursuivi cette tâche avec un intérêt de plus en plus passionné à mesure que j'avançais dans mon enquête, je n'ai qu'une crainte, c'est de n'avoir pas encore pénétré assez à fond dans l'examen des ressources, des facultés et des activités entrevues ; qu'un regret, de ne pouvoir me consacrer encore plus longuement à une cause dans l'éclatant succès de laquelle j'ai acquis une confiance absolue.

L'Algérie créatrice

Cette confiance, il faut avant tout la faire partager à la colonie comme à la métropole. Il faut, par tous les moyens possibles, l'inspirer à ceux qui viennent en Algérie, ou en faire un mobile assez puissant pour qu'on y vienne spécialement. Plus il y aura des fêtes de l'esprit, plus il y aura des solennités artistiques, plus on mettra en lumière et en honneur le talent des indigènes, plus on offrira de facilités de travail et de motifs d'inspiration aux Européens, et plus vite, ainsi que plus sûrement, on parviendra à développer les talents, les vertus et les génies qui sont, pour le moment, surtout en puissance.

Il est de toute nécessité de détruire ces désastreux préjugés que ce pays est surtout et ne peut être autre chose qu'un pays d'affaires, que les colons sont inacessibles aux préoccupations de beauté, que leur vie doit demeurer active et morne, que peu importent pour eux le goût de l'intérieur, l'agrément de l'habitation, le raffinement dans les distractions, que les indigènes ont perdu, ou perdent, peu à peu, les qualités d'exécution ou d'invention qu'on a pu naguère voir briller dans la race, qu'il est impossible de ressusciter les belles traditions, enfin, qu'il faut se résigner humblement à l'invasion des produits étrangers, des uniformes produits de l'industrie, et au règne de la camelote.

Ce sont là des arguments d'esprits pessimistes, de gens découragés par système, ou bien mal informés, ou mauvais observateurs.

Je dois déclarer que c'est ce pessimisme qui m'a accueilli au début de mon enquête ; j'ai rencontré quantité de gens qui me disaient qu'il n'y avait rien à faire. Et, en effet, il n'y a rien à faire nulle part, ou il y a tout à faire partout. Cela dépend du point de vue où l'on se place. Le second me semble plus utile et meilleur.

L'étude que j'ai esquissée trop superficiellement m'a convaincu qu'au contraire il y a beaucoup à faire, et qu'il est possible de faire de très belles choses. Le domaine est immense. Il peut demeurer stérile ; il peut aussi donner des résultats inattendus entre les mains de ceux qui sauront le faire fructifier.

Mais, dès à présent, il est inutile de rien entreprendre si l'on ajoute foi à ceux qui font entendre la note découragée, si l'on confie les enquêtes et les directions aux partisans du simple *statu quo* ; si, en un mot, par deux ou trois démonstrations éclatantes, que devra suivre une action logique et continue, on ne détruit pas l'idée fausse, à mon avis, que l'Algérie ne peut être qu'un pays de transactions et non point de créations.

Voies et moyens

Les moyens, je viens d'y faire allusion d'une façon générale, et je les précise en les répétant ; quitte encore à spécifier plus loin, dans des exemples, le fonctionnement de ce vaste et simple système :

1° Multiplier les occasions d'art ;

2° Leur donner un brillant, une solennité qu'elles n'ont pas eus jusqu'ici ; faire que les artistes se sentent bien chez eux quand ils viennent du dehors ;

3° Ou bien, si c'est la terre même qui les produit, que leurs efforts soient accueillis avec plus grand honneur, et non avec une sorte de bienveillance dédaigneuse qui juge de haut, sans toujours bien comprendre, et qui décourage plus qu'elle ne stimule.

Ceci m'amène à vous exposer tout d'abord les deux grandes divisions de ce rapport.

La première partie sera relative aux productions et au génie indigènes.

La seconde aux productions et au génie européens en tant que s'exerçant sur le sol de l'Algérie.

En terminant, j'essaierai d'indiquer, bien que la question soit beaucoup moins nette, dans quelles proportions ces deux courants peuvent se mélanger, ces deux végétations se greffer l'une sur l'autre, et si cela même est à désirer.

Aptitudes artistiques des indigènes

Que le génie artistique indigène existe, cela est incontestable, puisqu'il est toute une industrie européenne qui vient lui disputer, sur son sol même, le succès et la vente par d'inférieures imitations.

Ce dangereux hommage serait une preuve suffisante, car, sauf dans le domaine des fausses antiquités, on n'imite pas ce qui n'existe plus. Mais si en Algérie même on peut offrir aux badauds, et même aux gens de bonne volonté, des bijouteries algériennes fabriquées au Marais, des tapis tissés avec des laines tondues, tissées et teintes à Roubaix ou ailleurs, et jusqu'à des cuivres ornés d'inscriptions du Korân fidèlement travaillés d'après des modèles authentiques, à Villedieu-les-Poêles, en Normandie, il serait beaucoup plus simple d'arriver à faire presque uniquement en Algérie ces travaux en quantité suffisante, et en assez évidente beauté, pour que le public préférât l'authenticité à la contrefaçon, et l'objet possédant la forte et riche saveur du terroir à l'impersonnel à peu près.

Mais ce n'est pas par cette seule contre-épreuve que l'on peut se rendre compte du *désir d'art* qui règne dans les races algériennes, et des facultés qui ont persévéré chez elles.

Le moindre contact avec les gens montre des organisations rêveuses, enthousiastes et confiantes, qui ne demandent qu'à être encouragées. Il est évident qu'il y a là, comme partout, des sélections à faire ; mais cette sélection une fois faite, et j'ai rencontré plus d'une personne capable de ce discernement, il faut, loin de les nier, constater, encourager ces tendances, développer cette poésie lente et stimuler, par l'intelligence et la sympathie, ces facultés un peu languissantes, ou plus exactement mal mises en valeur. Comment peut-on douter des aptitudes artistiques d'une race qui, dans son habillement et dans son habitation, ne commet jamais une faute contre l'harmonie ?

Dans le peuple même, qui ne fait pas œuvre manuelle, subsistent un instinct de la parure, un goût noble et simple, ou brillant et original dans l'ajustement.

Les plus humbles cafés maures de Constantine exhibent souvent, sur leurs murs blancs, des bariolages de fleurs et d'oiseaux chimériques, d'une naïveté extrême, lointains souvenirs de décorations persanes, qui ne sont nullement déplaisants pour l'œil et qui valent mieux cent fois que les réminiscences de ableaux jadis médaillés aux salons, ou que les tentatives d'art nouveau passant à travers une série de bien étranges déformations.

Les jeunes filles et jusqu'aux plus petites filles de Tlemcen savent se vêtir et s'orner d'une façon ravissante ; elles ont l'instinct de choisir parmi les plus humbles étoffes, et parmi celles même qui évoquent chez nous l'idée de vulgarité et de pauvreté sordide, des modèles dont le seul arrangement les rend d'un pittoresque d'autant plus séduisant qu'il s'ignore.

Elles ornent, pour leur seul usage, leurs manches de tulle de fleurettes brodées pleines de légèreté et de grâce ; et les choses qu'elles font pour elles-mêmes et dont elles ne soupçonnent même pas la valeur, seraient portées avec plaisir — et avec succès — par les plus élégantes Européennes.

Dès l'âge de 5 ou 6 ans, les petites filles de Constantine se montrent aptes à exécuter les travaux de clinquant sur tulle et ces broderies brillantes et compliquées qui sont si caractéristiques de l'art de cette région. A 10 ans, elles peuvent être des ouvrières parfaites.

Voyez ces villages du Sud où les maisons et les mosquées sont construites en terre battue avec des colonnades faites de troncs de palmier du galbe le

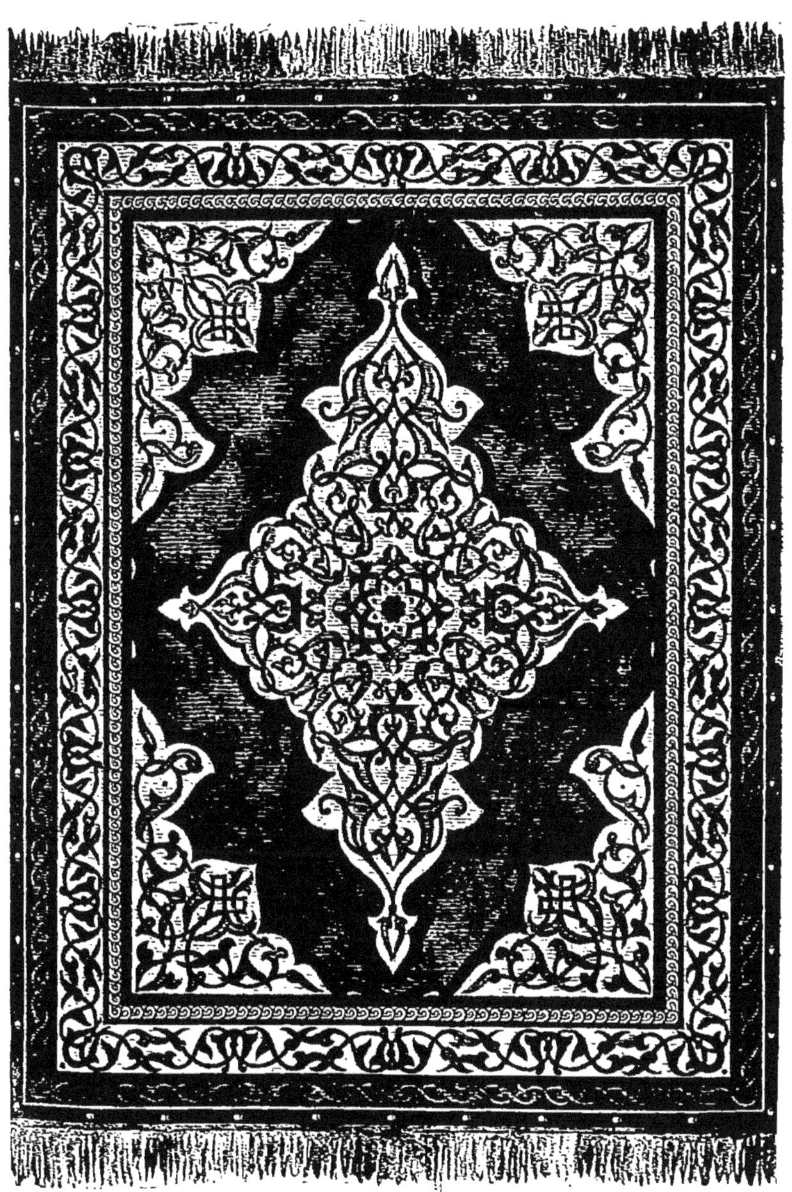

Essai de Création d'un tapis de style hispano-mauresque
par Herzig

plus pur. On peut y constater que les plaques de revêtement en céramiques étant ou trop coûteuses ou, plus exactement, un article impossible à trouver sur place — par suite d'une anormale lacune, dont je parlerai plus loin — le même instinct artistique conduit les habitants à *imiter*, d'imagination et de souvenir, ces revêtements, ces encadrements de portes ou de fenêtres avec des dessins en couleurs vives. L'effet est ingénu et éclatant. Ce que j'ai vu, en ce genre, dans le village de Sidi Barkat, au vieux Biskra, était très significatif ; et l'exemple se répète en maints autres lieux.

Il est impossible, même pour celui qui débarque pour deux jours à Alger sans idées préconçues, de n'être point frappé de l'application méticuleuse, du sérieux et de la précision qu'apportent à leur travail les brodeurs sur cuir de la rue Médée, les brodeurs de burnous de la rue Randon. Et cette remarque s'applique aux plus infimes artisans des autres métiers. Pour le moment, je laisse de côté la question du plus ou moins d'originalité des objets qu'ils œuvrent.

Je pourrais multiplier sans peine ces exemples. Il me suffit d'avoir indiqué que les désirs d'ornementation, de raffinement, de beauté, les facultés d'exécution, demeurent dans la race, endormies peut-être, mal dirigées sans doute, mais vivaces, et prêtes à s'éveiller sous un souffle généreux et sous une direction judicieuse.

L'enseignement du dessin

Ici, je suis forcé de dire un mot de la question de l'enseignement du dessin, aussi bien pour les jeunes indigènes des deux sexes que pour les jeunes Européens.

L'enseignement du dessin est la base de tout. C'est de cet enseignement que dépend l'avenir artistique de l'Algérie. S'il est défectueux, s'il part de principes faux et a recours à des méthodes erronées, quelles que soient les bonnes dispositions et l'ardeur des jeunes artistes européens, quel que soit le génie naturel des artistes indigènes, toutes ces qualités se dépenseront en pure perte et les résultats seront nuls ou pleins de banalité.

Encore l'art indigène échappera-t-il mieux à cette nullité par sa tendance à retracer perpétuellement des modèles traditionnels ou à employer des *poncifs* qui guident la main et dispensent le cerveau de toute initiative.

Le peu que j'ai pu voir de l'enseignement artistique à l'Ecole des Beaux-Arts m'a convaincu de l'absolue insuffisance des résultats et de la stérilité des méthodes. Que l'on fasse quelques copies d'après les moulages de l'antique, que l'on s'exerce à dessiner quelques académies d'après le modèle, cela peut se tolérer pendant quelques semaines, comme exercice didactique ; mais que l'on s'immobilise dans ces travaux secs et abstraits, que l'on s'hypnotise sur eux pendant toute la durée des études, et que l'on fasse un but de ce qui devrait être à peine un moyen, c'est la condition la plus sûre pour que l'Ecole des Beaux-Arts d'Alger ne donne jamais de résultats.

Il est fâcheux qu'on s'enlize dans ces méthodes vieillies, que l'on s'endorme dans ces exercices ingrats, rebutants et plutôt faits pour décourager les élèves et pour leur fermer à jamais les yeux, — alors que l'on est entouré d'une vie intense, fourmillante, superbe, d'une nature merveilleusement riche et variée.

A. — L'enseignement des Beaux-Arts, dans une ville telle qu'Alger, devrait n'avoir lieu que dans la rue, dans la campagne et dans les jardins.

Une fois acquis les très élémentaires principes matériels ayant trait à l'emploi du papier et du crayon, au tracé du trait et aux plus simples effets du modelé, — et cela peut s'enseigner en quelques leçons, — on ne devrait plus faire que des croquis d'après nature, d'après le personnage en mouvement. Quand à l'étude de l'exécution du morceau, têtes, mains, etc., ce n'est point d'après les antiques morts et mortellement ennuyeux que l'on devrait travailler, mais d'après les vivants superbement caractérisés et expressifs entre lesquels on n'a que l'embarras du choix.

Je n'ignore point que cette façon d'enseigner paraîtra un peu bien en dehors des usages classiques. Mais je demande que l'on en fasse seulement l'expérience, et qu'on l'oppose à la méthode académique et par trop européenne qui persiste à l'Ecole des Beaux-Arts. L'on verra les résultats au bout de peu de temps.

La seule objection est que cette méthode aurait pour effet d'écarter de la carrière artistique tous ceux qui ne peuvent devenir de véritables artistes. Il n'y aurait pas à cela grand mal, tandis qu'il y a du mal à ce que ceux qui peuvent devenir des artistes soient induits en erreur et aveuglés.

Il faudrait s'estimer heureux si l'enseignement des arts à Alger, d'après les principes que je viens d'indiquer, produisait seulement un ou deux artistes tous les quatre à cinq ans, au lieu de produire, avec les méthodes mortes, annuellement, un contingent de médiocrités ne figurant avantageusement que dans les statistiques.

B. — Là ne se bornerait pas l'enseignement artistique bien compris et pouvant donner de beaux résultats. Il devrait, dans ce pays où l'art ornemental est appelé à rendre des services et à satisfaire des besoins constants, se compléter par l'étude incessante de la nature végétale.

Il ne s'agit pas d'acheter un petit bouquet de fleurs de deux sous, et de l'apporter à l'atelier pour en faire une petite aquarelle agréable, ou même une petite composition pour papier peint avec le souvenir persistant, d'ailleurs, des choses que l'on voit chez les marchands.

Il faut étudier largement, sans relâche, les plantes, toutes les plantes, en pleine terre, avec leur vie réelle, s'inspirer de la nature chez elle, au lieu de s'acharner sur une prisonnière.

Or, ce qui pourrait en d'autres endroits être difficilement réalisable, Alger a le bonheur de le posséder et de l'offrir d'une façon rare et somptueuse aux bonnes volontés et aux intelligences.

L'Ecole du Jardin d'Essai

« Je crois que la création d'une école de dessin « d'après la plante, installée dans le Jardin d'Essai, « école ouverte aussi bien aux élèves indigènes « qu'aux élèves européens, rendrait de grands et « surprenants services ». Bien que ce ne soit pas, à proprement parler, une innovation, puisque de tels cours existent à Paris, au Jardin des Plantes, c'en serait une cependant en ce qui concerne l'Algérie, et c'en serait une surtout par son caractère d'école mixte, indigène et européenne.

Ce serait un moyen excellent, en dehors même des résultats qu'il donnerait pour l'enseignement, de constater les différences entre les deux génies, les deux tempéraments, en vue d'un *art algérien* proprement dit, cet art rêvé, impossible à réaliser peut-être, où tout ce qu'il y a de luxuriant et de somptueux dans le tempérament oriental s'unirait à tout ce qu'il y a de clair et de rythmé dans le tempérament européen.

A supposer même qu'on ne puisse atteindre ce but idéal, des résultats importants resteraient acquis. L'*Ecole du Jardin d'Essai* verrait surgir, au bout d'un certain temps, de véritables artistes. Il est impossible qu'il en soit autrement, la nature fournissant à la fois les motifs et les moyens d'exécution : les lignes, les formes et les couleurs.

L'Enseignement professionnel

En même temps que l'enseignement du dessin proprement dit, il y a lieu de dire un mot de l'enseignement technique, de ce que l'on nomme « enseignement professionnel » et qui consiste dans l'étude des divers métiers d'art.

En principe, il paraît assez hétéroclite de faire enseigner, par des Européens, aux indigènes les arts que leurs ancêtres ont pratiqués et dont ils leur ont transmis, à quelque degré que ce soit, les traditions et les aptitudes.

Il est évidemment bizarre d'appeler des contre maîtres provençaux, italiens ou parisiens pour montrer aux petits indigènes à sculpter le bois, à repousser le métal, à broder, à damasquiner, le tout d'après les modèles orientaux ! Rien que l'exposé de ce système donne tout d'abord envie de sourire.

Et pourtant, par une assez curieuse contradiction, que je signale tout de suite, en ce qui concerne les ouvrages de femmes, cette méthode a réussi, et a donné des résultats qui promettent d'être brillants.

Mme Luce Ben-Aben à Alger

Je ne vous parlerai pas longuement, Monsieur le Gouverneur général, de Mme Luce Ben-Aben et de son école de broderie. C'est une œuvre des plus méritoires, dirigée par une véritable artiste. Les résultats obtenus par elle sont appréciés à leur valeur. Cette femme reste encore un précurseur. Cependant elle continue l'œuvre de sa famille. Aux premiers temps de la conquête, sa grand'mère, Mme Luce, eut une vision très claire de tout ce qu'il fallait faire, de tout ce qu'il fallait sauver. Dans l'intérêt supérieur des arts appliqués qui nous occupent, on ne peut que souhaiter la conservation de son école. Elle fait partie de l'histoire de l'Algérie et doit rester, avec l'installation que nous y avons admirée, comme une espèce d'école nationale de la broderie indigène.

Je ne vous parlerai pas non plus de telles écoles et fabriques de tapis qui, après avoir reçu les encouragements et l'appui officiels, peuvent maintenant voler de leurs propres ailes.

Mais j'examinerai avec un peu plus de détail des institutions commençantes qui m'ont paru dirigées avec beaucoup d'intelligence et de courage, et qui je crois sont destinées à prospérer et à rendre des services.

Mme Saucerotte à Constantine

La première est l'école indigène de Constantine, dirigée avec beaucoup d'intelligence par Mme Saucerotte.

Cette femme, animée d'une ardeur toute française et soutenue dans son effort par un optimisme que je n'ai pas toujours rencontré dans mon enquête, avait tout à créer : enseignement technique et matériel.

Les premières tentatives qu'elle fit parmi les femmes indigènes pour en trouver, non seulement d'exercées au tissage des tapis, mais encore de consentantes à se prêter à un essai, étaient vraiment de nature à la décourager. La coutume s'était perdue, dans les maisons et villages qu'elle explora, de se livrer à ce genre de travail, et les métiers étaient abandonnés dans un coin.

Les femmes ou jeunes filles auxquelles elle proposa d'essayer avec elle répondaient : « Qu'il était inutile d'essayer de faire des tapis *du moment qu'on n'avait pas le dessin dans le cœur.* »

Si l'indigène est un enfant prompt à se buter et à perdre confiance, on peut aussi, par de la persévérance et avec de la persuasion, lui faire reprendre des habitudes meilleures.

Mme Saucerotte, qui n'avait aucun point de repère, parvint à retrouver une ou deux vieilles indigènes qui lui fournirent tant bien que mal des renseignements dont elles n'avaient pas complètement perdu la tradition, et, par tâtonnements, elle reconstitua des procédés de métier et des recettes de teinture.

On dira qu'elle pouvait retrouver tout cela à coup sûr, et sans se donner tant de mal, puisqu'il existait des écoles et des manufactures de tapis en Algérie, et que les recettes de teinture ne sont ni perdues ni inconnues. Mais il faut songer qu'il s'agit d'une institutrice absorbée par ses autres fonctions, ne disposant que d'infimes ressources, et n'ayant pas autour d'elle soit les encouragements, soit les conseils pratiques nécessaires.

A ce propos je ferai, en passant, ressortir le besoin qu'il y aurait de faire recueillir, pour les mettre à la disposition des écoles, des ateliers, et des simples particuliers, un ensemble de ces recettes pour la teinture des laines. Que ce corps de recettes soit imprimé ou autographié simplement, pour éviter les frais, et communiqué soit par l'Ecole des Beaux-Arts, soit par le bureau des affaires indigènes, soit par toute autre administration la plus indiquée pour cela, me semble de toute urgence. C'est non seulement un moyen d'éviter les tâtonnements et les pertes de temps, mais encore de faire opposition aux progrès désastreux des teintures à l'aniline[1].

Ce travail comprendrait les noms des plantes et autres matières tinctoriales, les provenances principales, enfin les mélanges et les dosages. Largement distribué, il serait une démonstration et une leçon.

---

1. Depuis quelque temps déjà l'Administration algérienne est entrée dans cette voie. (Note de l'Ed.)

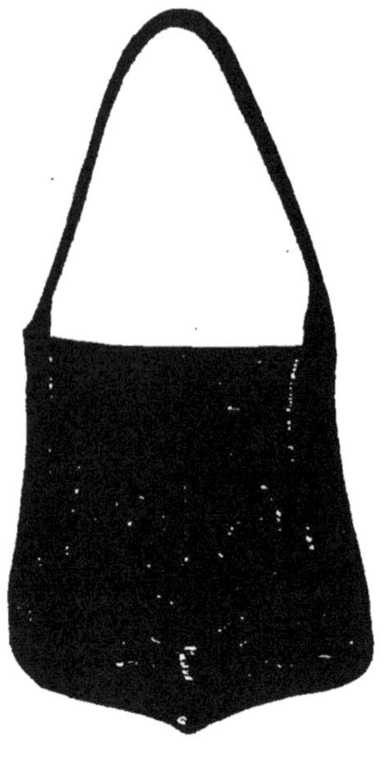
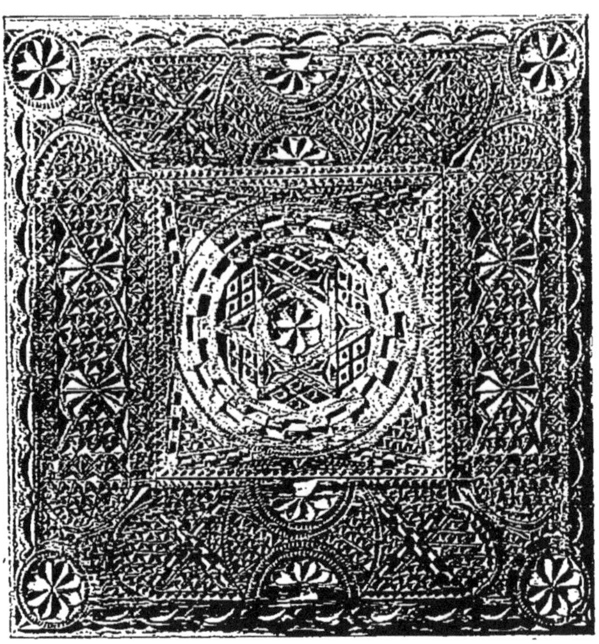
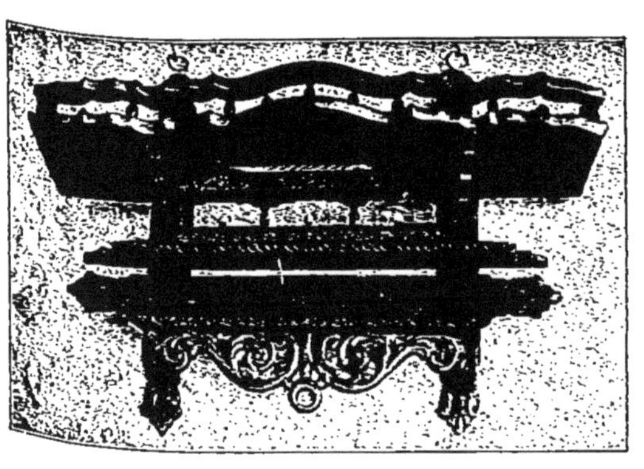

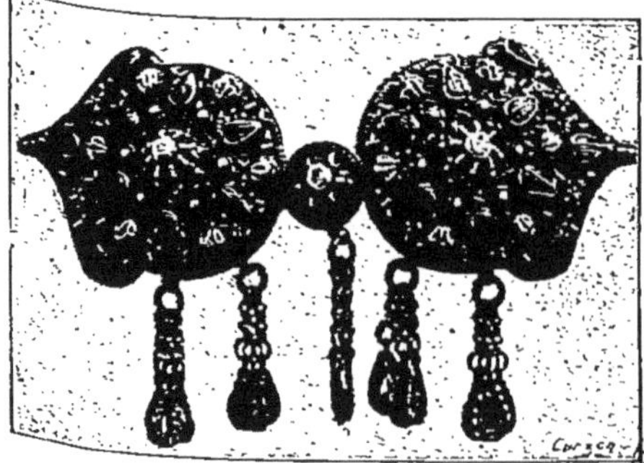

Sacoche cuir brodé — Plateau sculpté de table à broderie (collection de Mme Luce Ben-Aben) — Etagère — Entrée de serrure cuivre découpé — Agrafe de ceinture — Babouche brodée or sur cuir.

Peut-être dans bien des cas a-t-on recours à l'aniline, non pas seulement pour raison d'économie, mais encore pour raison d'ignorance.

Mme Saucerotte avança tout de même dans sa tâche d'abord si ingrate. Elle finit par former de bonnes élèves, puis de bonnes monitrices. Elle parvint à recueillir de bons modèles. Pour montrer par un petit fait le zèle qu'elle apporta à cette tâche à laquelle elle sacrifiait tous ses loisirs et pour laquelle elle n'était nullement rétribuée, elle fit contribuer son entourage à l'œuvre qu'elle poursuivait : son mari l'aida, après avoir pris sa retraite comme fonctionnaire, à relever des modèles de broderies et, sans autre préparation, parvint à une certaine habileté, ou tout au moins au degré de netteté et de clarté suffisant pour que les jeunes apprenties et ouvrières pussent se servir de ces dessins.

Les jeunes élèves, non seulement comprirent qu'il n'est pas nécessaire « d'avoir le dessin dans le cœur », mais encore qu'on peut arriver à comprendre un dessin, à en tracer un, et à l'exécuter au métier à broder ou à tapisser.

La méthode de dessin enseignée par Mme Saucerotte à ses petites élèves est un peu mécanique et bien éloignée de la méthode de dessin d'après nature que j'ai définie et préconisée plus haut. Mais elle est ingénieuse et, de toute façon, elle met les enfants à même d'arriver progressivement à lire un dessin. Dès l'âge de quatre ou cinq ans, elle leur met le crayon à la main et leur fait tracer des lignes parallèles, puis, des carrés, puis, des diagonales dans ces carrés, puis, les lignes brisées qui modifient ces rectangles et ces diagonales, ainsi de suite, jusqu'à des dessins assez compliqués qui se retrouvent dans les principaux modèles de tapis et leur sont plus ou moins communs. Cette méthode, je le répète, serait défectueuse pour la formation d'artistes, mais elle donne des résultats satisfaisants pour des ouvrières, qui lisent et traduisent ainsi un modèle de tapis sans plus d'hésitation que leurs livres scolaires.

Aujourd'hui, Mme Saucerotte a des élèves qui, dès l'âge de 10 ans, sont des ouvrières parfaites, notamment pour la broderie de Constantine, à fils plats argentés ou dorés sur tulle. Ses broderies sont très appréciées. Elle en fournit les dames de la société civile et militaire de Constantine, et, avec les petits profits qu'elle en retire, elle poursuit le perfectionnement de ses ateliers de tapis. Mais ceux-ci travaillent à peu près constamment sans bénéfice, sinon à perte. Toutefois, Mme Saucerotte ne perd nullement confiance, puisqu'elle a maintenant des tapis vendables, et qu'elle a créé, soit en ville, soit dans des villages voisins, des métiers qui propagent son enseignement, des monitrices qui le continuent. Si les tapis de la région de Constantine acquièrent une qualité et une extension, c'est certainement à elle qu'on le devra.

J'ai insisté un peu longuement sur cet exemple parce qu'il est très méritoire et, aussi, parce que Mme Saucerotte a obtenu ces résultats presque sans aide.

J'ai été frappé de l'entrain, de la bienveillance, de la sûreté qu'elle apporte dans sa mission. Mais j'ai été frappé aussi, et cela presque douloureusement, de la misérable installation de son école. Bien que située dans une des principales rues de Constantine, celle-ci n'est qu'un ramassis de bicoques branlantes et malsaines, hangars plutôt qu'ateliers, taudis plutôt que salles d'études. Il est surprenant qu'avec ce rudimentaire outillage et ce lamentable logement,

Mme Saucerotte ai pu faire œuvre notable. Mais on pourrait songer enfin à ne pas laisser toutes ces enfants étudier et travailler dans des locaux aussi tristes et aussi dangereux pour leur santé [1].

Mlle Quetteville à Oran

Un autre exemple que je tiens à citer est celui de Mlle Quetteville à Oran. Plus froide en apparence, mais tout aussi énergique que Mme Saucerotte, et tout aussi pleine de sollicitude pour ses petites élèves, tout en les menant un peu militairement, Mlle Quetteville tient son école avec une netteté et une méthode remarquables.

Mlle Quetteville, de qui j'aurais pu parler avec autant de détail que la précédente institutrice, a fait une étude toute particulière des procédés de teinture, et, comme Mme Saucerotte, elle teint ses laines elle-même. Mais avant d'arriver à la certitude et à la variété qu'elle a maintenant acquises, elle a dû, elle aussi, procéder par empirisme et par longs et indi-rects tâtonnements. Aujourd'hui, encore, il est des plantes qu'elle emploie et dont elle ne connaît que le nom arabe ; il en est peut-être même dont elle ne connaît pas exactement le nom.

Très ingénieusement elle a pu reconstituer cer-

1. L'école de filles indigènes de Constantine va être pro-chainement réinstallée dans un immeuble où les classes et ateliers seront aménagés dans les meilleures conditions. Le nouveau bâtiment sera prêt pour la rentrée d'octobre 1907.

(Note de l'Ed.)

taines formules dont des teinturiers kabyles n'avaient pas voulu lui livrer le détail. Entre autres, une teinture dans la composition de laquelle il entre des dattes, et qui fournit une sorte de bleu pâle et cendré d'un ton ravissant et durable. C'est, après quantité d'à peu près, *par l'odeur*, que Mlle Quetteville est parvenue à retrouver le mélange exact. Tout cela me semble certainement digne d'éloge, mais achève de démontrer l'utilité d'épargner aux maîtres tous ces essais et toutes ces fatigues, par la publication que j'ai indiquée.

Mlle Quetteville est vraiment passionnée pour ses ateliers. Elle a fait quelques remarques qui sont d'une véritable artiste. C'est ainsi qu'elle a observé que dans des tapis qui sont tissés exactement de la même façon, l'effet est tout différent selon que les brins de laine coupés avec les ciseaux ou avec le couteau. Dans le premier cas, les tapis sont plus nets et plus arrêtés de dessin, mais dans le second plus harmonieux et plus fondue. C'est un phénomène analogue à celui de la *touche* en peinture. Le fait d'avoir observé cela est de l'avoir appliqué aux différents modèles indique, à mon avis, un réel mérite artistique et didactique.

Une seule réserve sera faite ici sur les tapis de Mlle Quetteville. Sur certains conseils, et sans être autrement convaincue, elle a une tendance parfois à employer le coton au lieu de la laine, notamment dans les trames. Cela présente selon moi, comme principal défaut, celui d'habituer les ouvrières à un travail plus facile et à les désaffectionner du travail de la laine qui donne de beaucoup plus beaux produits, mais nécessite un peu plus d'effort. Mais, encore une fois, je crois qu'elle ne demande, à être forcée d'employer la laine exclusivement ; et, pour me résumer, Mlle Quetteville a fait preuve des plus hautes qualités d'initiative, d'organisation et de direction.

Autres écoles

L'école de tapis de Mlle Saëton, à Tlemcen, fonctionne également d'une manière assez satisfaisante. Après avoir quelque temps flirté avec l'aniline, Mlle Saëton me semble être revenue à de plus sages errements. La caractéristique de ses ateliers, qui d'ailleurs ne se rattachent pas à l'enseignement officiel proprement dit, est un travail correct, bien exécuté et une quantité encourageante d'habiles ouvrières, Les femmes de Tlemcen ont visiblement le goût et le sens des travaux artistiques et ce centre peut facilement se développer.

Enfin, je n'ai point vu l'école de Bougie, mais je crois qu'elle est aussi digne d'intérêt que celles de Constantine et d'Oran.

L'enseignement masculin

J'aurais souhaité pouvoir citer des exemples aussi heureux dans les écoles indigènes de garçons. Mais ici s'affirme l'anomalie des principes d'enseignement que j'ai signalée plus haut.

Si les femmes, grâce à une espèce d'entente naturelle, peuvent recevoir pour des travaux du terroir des enseignements et des directions, d'Européenne à indigène, cela tient au tempérament féminin lui-même et à la nature des ouvrages. Mais le phénomène cesse dès qu'il s'agit des hommes et des jeunes gens. Les plus habiles ouvriers européens ne peuvent avoir l'intuition des tours de main et des traditions, tant bien que mal transmis à travers les temps à une race, et qui correspondent à l'organisation de cette race.

Ce n'est pas en développant l'enseignement professionnel, ou ce qu'on appelle ainsi, que l'on fera accomplir le plus léger progrès à l'art indigène. Tout ce que que cet enseignement peut donner, il l'a donné jusqu'ici, et rien d'original, ni de raffiné, rien d'*artistique* en un mot, ne peut en sortir.

L'avenir de l'Art indigène

A côté de ce domaine connu et limité, il en est un immense, et que l'on peut, pour le moment, qualifier d'inconnu encore.

Car, comment pourrait-on affirmer que l'on connaît les ressources d'un terrain que l'on n'a pas encore défriché et mis en valeur ? Un terrain où l'on s'est contenté de cueillir les fruits plus ou moins sauvages, plus ou moins affaiblis de plantes qu'on ne cultive plus.

Comment pourrait-on dire que l'on sait ce que peut donner l'art indigène quand on n'a jamais étudié réellement cet art, quand on n'a pas cherché rationnellement et activement à le développer ? Je crois avoir démontré par quelques exemples, indiqué tout au moins par quelques impressions vraies et exemptes de tout parti-pris, qu'il subsiste des traces d'un génie indigène, qu'il demeure des possibilités de le développer. Partout où il y a aptitude, à quelque degré que ce soit, il y a ressource, il y a avenir. Mais partout où cet avenir s'indique, il est nécessaire de le seconder par des encouragements efficaces, car autrement le *statu quo* lui-même, le degré de médiocrité stagnante où demeure pendant longtemps le souvenir de civilisations remplacées, finit par se perdre.

Comment pourrions-nous dire que nous connaissons l'art indigène, le plus ou moins de talent des artistes, quand eux-mêmes ne le connaissent pas, n'en ont pas conscience?

Ils ne peuvent en avoir conscience puisque nous ne leur avons pas donné d'occasions véritables de s'affirmer.

Les brodeurs de babouches et de portefeuilles de la rue Médée peuvent continuer de broder les mêmes objets pendant des années encore. Les marchands de la rue de la Lyre peuvent continuer à alimenter le public de bibelots algériens fabriqués au Maroc ou même en Algérie. Les somptueux marchands de curiosités de la rue Bab-Azoun peuvent offrir des objets de meilleur aloi en tant que copies de modèles anciens exécutées par des mains indigènes, et même des objets anciens authentiques. Ce n'est pas cela qui créera ou développera un véritable art indigène tel qu'on le peut rêver et tel qu'il devrait fleurir.

On connaît quelques spécialités qui se sont fait une petite réputation, grâce à plus de chance, plus d'habileté ou grâce à la rareté actuelle de sujets éminents : mais une fois passés en revue, Ben Kalfate à Tlemcen, les ouvrages du marchand de tabac Ben Smaïa, les calligraphies des frères Racim, et quelques autres cas encore, que reste-t-il ?

Le « traintrain » connu, ou l'inconnu plein de richesses peut-être, de richesses que l'on ne saurait tout au moins laisser insondées.

Comment révéler ces richesses au public, comment les révéler à elles-mêmes, comment les faire fructifier ?

En allant droit à l'artiste indigène et en le mettant à même d'aller droit au public. Et cela par deux moyens : en s'adressant au sentiment de l'honneur, en facilitant les chances de profit.

L'émulation, la conscience de l'artiste, le développement progressif de son talent par la création de concours.

Les profits possibles par la création de nouveaux débouchés.

A. — Il ne s'est jamais, que je sache, institué de concours entre les artistes indigènes, et pourtant c'est la seule manière de permettre aux talents inconnus de se révéler, aux talents en puissance de s'enhardir, aux talents déjà conscients de se développer et de s'affirmer.

Il serait à souhaiter que ces concours eussent une certaine solennité, une allure de fête, qui serait appropriée à l'occasion et qui serait bien dans l'esprit oriental. Une véritable renaissance en pourrait résulter si ces concours étaient, non pas un cas isolé, mais menés avec un esprit de suite, et si on leur donnait l'importance, le sérieux et l'éclat nécessaires.

Naturellement, il serait bon d'y préparer les indigènes — un peu de temps à l'avance — par l'intermédiaire de leurs notables, de façon à leur donner le temps

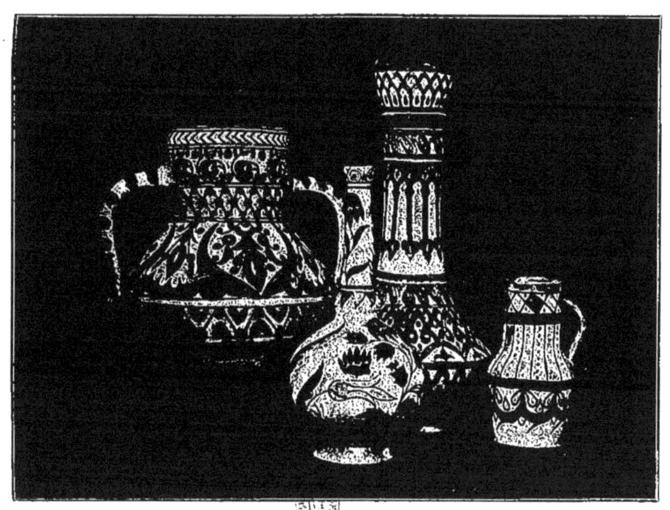

Vases tunisiens, persans et marocains

(Céramique Orientale de C.-G. Langlois)

de faire quelque ouvrage d'une originale invention ou d'une belle exécution. Il est clair que si l'on *improvisait* de tels concours, on risquerait de prendre les artistes au dépourvu. Mais quelques mois entre l'avertissement et le concours suffiraient pour obtenir, dès la première fois, des résultats appréciables.

Et peu importerait même si le premier concours ne donnait que des résultats prévus et même s'il ne mettait en évidence qu'une majorité d'objets insuffisants, voire informes et ridicules ? J'ai la conviction contraire. Mais dès le second concours on verrait un progrès considérable.

Il ne s'agirait pas non plus de mettre au concours des thèmes rétrospectifs et des objets conventionnels. Par exemple, il serait dérisoire de proposer comme sujet une arme damasquinée. Les armes modernes ne sont point ornementales. Une merveilleuse carabine fabriquée à Saint-Etienne ou en Amérique ne peut plus être un objet d'art ornemental, mais un objet de précision parfait.

On récompenserait comme il conviendrait :

Le plus beau tapis ;

La plus belle broderie sur étoffes applicable au costume ; et celle applicable à l'ameublement ;

La plus belle ceinture brodée sur cuir ;

Le plus beau travail de cuir découpé, incrusté ou embossé ;

Le plus beau meuble peint ;

Le plus beau meuble sculpté ;

Le plus beau travail de bijouterie ;

Le plus beau travail d'orfèvrerie ;

Le plus beau travail ou le plus bel ensemble de travaux de céramique ;

Le plus beau travail de calligraphie et d'enluminure.

Dans ces concours, on s'attacherait à récompenser en même temps l'objet d'usage et l'objet précieux. Les jurys seraient composés en partie de Français et en partie d'indigènes ; cela autant pour inspirer confiance aux concurrents que pour permettre d'apprécier les qualités de race et de terroir ou les beautés et les harmonies autochtones qui pourraient être un peu en dehors de l'esthétique trop européenne.

On pourrait faire coïncider ces concours avec quelque fête importante, et, pour leur donner plus de solennité, ne pas les faire annuels tout d'abord[1].

B. — Le profit découlerait tout naturellement de ces concours, puisque les auteurs des objets mis en lumière seraient signalés à l'attention et, par suite, aux commandes, et que les objets, leur propriété, seraient acquis soit par l'État pour son musée d'art arabe à Mustapha-Supérieur, soit par les particuliers.

Mais on pourrait créer une nouvelle source de profits pour les bons artistes indigènes, et cela d'une façon permanente.

Il y aurait pour ainsi dire pas d'innovation (et par cela même pas d'objections) dans la création d'un

1. Depuis 1905, chaque année au mois de novembre, des spécimens des objets intéressants au point de vue de l'art arabe, confectionnés par des indigènes, tels que tapis, broderies sur cuir ou sur étoffes, maroquinerie, dinanderie, bijouterie, etc., sont réunis à Alger dans une petite exposition qui comprend aussi des spécimens de la fabrication des écoles professionnelles.

Un jury est chargé d'examiner ces différents ouvrages et des subventions sont accordées, sur sa proposition, aux artisans indigènes dont les produits paraissent plus particulièrement intéressants.

Quelques-uns de ces objets sont également acquis par l'administration à titre d'encouragement.

L'exposition, à partir de cette année, a été ouverte au public qui est admis à faire des achats.

local de vente patronné par l'Etat, comme l'on voit à Paris les ateliers de vente des moulages du Trocadéro, de l'Ecole des Beaux-Arts et du Louvre, de la chalcographie du Louvre, enfin la boutique installée en plein boulevard des Italiens où se vendent les produits de Sèvres et les plaquettes ou médailles frappées à la Monnaie.

En ce qui concerne les tapis et les broderies exécutées dans les écoles indigènes, il est certain que l'on peut parfaitement admettre l'assimilation de ces écoles aux manufactures nationales. Cette assimilation admise, il serait possible, je pense, de s'entendre avec la direction des Beaux-Arts pour que ces travaux puissent être vendues dans le même local que ceux de Sèvres, et, théoriquement, que ceux des Gobelins et d'Aubusson.

La création, ou tout moins l'encouragement donné à la création d'un local situé dans un bon endroit à Alger, où seraient vendues les œuvres des indigènes primés dans les concours, serait encore un stimulant important pour les artistes et en même temps une garantie d'authenticité pour le public.

Afin d'éviter les abus et le ralentissement dans le zèle artistique on pourrait convenir que la permission pour ces artistes, de vendre dans le magasin, serait temporaire, quitte à être renouvelée dans le cas où de nouveaux concours leur mériteraient de nouvelles récompenses.

Si des profits étaient réalisés — et il est certain qu'au bout de quelque temps il devrait y en avoir — ils seraient affectés à l'amélioration des écoles indigènes ou à la création de l'école dont je vais dire un mot.

Médersa artistique

Je crois inutile d'insister plus longuement sur l'erreur de principe qui a présidé aux soi-disant « écoles indigènes ». Cependant, au début, on ne pouvait sans doute les organiser autrement.

Mais leur fonctionnement actuel ne peut être considéré que comme transitoire. On s'en apercevra bien, soit à la nullité des résultats de certaines, soit à l'arrêt dans le progrès initial de telles autres.

La véritable école d'art indigène, répondant à son nom et conforme à la logique même de l'art, ne peut être que dirigée par des artistes indigènes. Eux seuls peuvent donner un enseignement capable de fructifier d'une façon originale. Cela peut paraître en contradiction avec les préjugés actuels de l'enseignement officiel qui, tout en se considérant comme en possession de meilleures idées et de meilleurs procédés que ceux des anciens artistes arabes, ne fait, au bout du compte, que les imiter en leur ôtant toute leur saveur. Mais la continuation de l'enseignement actuel ne peut aboutir qu'à une impasse.

Or, si l'on instituait les concours dont je viens d'exposer l'idée, le premier avantage serait, non seulement de mettre en lumière et de développer les talents, mais en signalant des maîtres possibles, d'être la première étape vers la création de cette école indigène. Dans cette école, alors, toutes les techniques seraient enseignées avec profit : le bois, le métal, la céramique, le tissage. Certes, les artistes et les savants européens pourraient être consultés par les maîtres indigènes soit pour des recettes, soit pour des modèles. Mais cette question même des modèles serait simplifiée en ce sens que les artistes du sol auraient à cœur d'inventer leurs modèles conformément à l'imagination et au tempérament de leur race.

Il s'agirait, en un mot, de la création d'une sorte de Médersa de l'art, véritable manufacture nationale des arts algériens.

L'assimilation est-elle désirable ?

L'inconvénient d'un tel plan serait-il de rendre impossible toute fusion entre le courant artistique européen et le courant artistique algérien proprement dit ?

D'abord, il serait toujours possible de faire exécuter par les artistes indigènes des modèles fournis par des artistes européens, à la condition que ces artistes eussent vraiment le sens d'une décoration neuve et en même temps en harmonie avec le climat, avec l'art oriental lui-même. M. Georges Rochegrosse a donné à Mme Delfau deux modèles de tapis qui sont originaux et d'un très bel effet. Mais pour une réussite de ce genre, combien d'erreurs et de discordances possibles !

Car la fusion entre le tempérament artistique des deux races est-elle désirable ? Est-elle même matériellement possible ? Il y a des greffes qu'il est chimérique de tenter — et celle-ci n'a jamais réussi.

Nous en avons une preuve suffisante avec l'art antique, qui n'exerça aucune influence sur l'art arabe et algérien, et avec l'art italien qui ne donna en

Tunisie et en Algérie que des produits abâtardis et du plus mauvais goût. En somme, vouloir enter le pommier sur le dattier paraît une entreprise paradoxale, et l'on s'étonne que des esprits, à moins de n'avoir point le sens ni la connaissance des lois physiologiques de l'art, aient pu concevoir et en défendre le rêve.

Aussi, en disant maintenant quelques mots du courant artistique européen en Algérie, entrerai-je dans un domaine tout à fait distinct.

Arts européens

Actuellement, ce courant est des plus faibles. Une des raisons, en ce qui retarde la formation d'artistes en Algérie, en est dans les vices d'enseignement que j'ai indiqués plus haut. Une autre raison, en ce qui concerne les conditions dans lesquelles l'art européen, ou plus particulièrement l'art français moderne, peut se produire en Algérie, tient à ce qu'il n'y a pas d'organisation réelle de ses manifestations possibles.

Un « salon » des artistes locaux ne suffit pas et n'est susceptible d'aucune extension ni propre à créer aucun mouvement artistique.

Il faudrait que les artistes français fussent invités plus assidûment et avec plus d'insistance à Alger, ainsi que cela se fait dans certaines grandes villes françaises, à Nantes, à Bordeaux, à Lyon, et, par assimilation, Monte-Carlo. Il faudrait que les artistes se sentissent chez eux, que peut-être même ils eussent leur maison à Alger, un peu dans le genre du *Künstler-haus* de Munich et de quelques autres grandes villes allemandes. Je dirai tout à l'heure quelle pourrait être cette maison.

Cependant, il ne serait pas d'une bien grande utilité de présenter comme plaisir au public algérien, et comme exemples aux artistes, ces ensembles un peu confus et disparates que sont en général ces sortes de salons départementaux. Il faudrait que les expositions eussent lieu dans un sens déterminé et que les peintres orientalistes fussent surtout convoqués, — et d'une façon plus large encore les peintres de la lumière et de la forme en pleine lumière.

Il y a des congrès d'orientalistes s'occupant des questions d'histoire, de linguistique, d'économie politique et de beaucoup d'autres sujets importants. Mais le congrès des peintres orientalistes n'a jamais eu lieu à Alger[1], et ces peintres sont nombreux. Ils voyagent a travers l'Algérie, y travaillent, et c'est à peine si on a eu l'occasion d'y voir de leurs œuvres. Certes un Salon des peintres de la lumière ayant lieu à Alger tous les deux ou trois ans — il est nécessaire de ne point lasser le public — et la trop grande fréquence amènerait la banalité — et ce Salon ayant lieu avec quelque apparat, créerait certainement une activité et une émulation artistique très profitables.

Il devrait y avoir une école d'Alger. Elle n'existe point. Quand on a cité les œuvres éclatantes et harmonieuses de M. Maxime Noiré, qui est un vrai peintre et un artiste plein de vaillance, les œuvres délicates et fines de M. Deshayes, et peut-être deux ou trois autres, on arrive vite aux travaux d'amateurs

---

1. Pour la première fois en 1907, le Salon des Orientalistes a eu lieu à Alger   (N. de l'Ed.)

ou aux essais de commençants. Cette école existerait avec ce vaste courant d'échanges : les artistes du continent fournissant les mille prestiges du métier, l'Algérie fournissant les infinies ressources de ses aspects et de ses motifs.

De l'Ameublement

Pour l'ameublement, il y a malheureusement des chances qu'il ne continue de longtemps à demeurer assorti aux bâtisses neuves que l'on élève à Alger et dans les autres grandes villes sans se soucier de les mettre en harmonie avec les nécessités du climat et avec les lignes des paysages. Il n'y aura probablement d'exception que dans les demeures des gens de goût, dans les maisons créées par des artistes, telles que dans la villa de M. Georges Rochegrosse. Mais cela ne peut être considéré que comme un cas peu généralisé, car tout le monde d'une part ne possède pas le talent d'orner soi-même son habitation, et ce talent faisant défaut, l'originalité la plus grande sera encore de se rapprocher des décorations et ornementations indigènes, — et alors, les progrès en ce sens et les encouragements à leur donner rentrent dans l'ordre d'idées que j'ai développé tout à l'heure.

Toutefois il est une forme de l'art décoratif que l'on s'étonne de ne pas rencontrer en Algérie, qui devrait y être pratiquée de la façon la plus large et la plus brillante, et dont l'absence constitue une véritable anomalie.

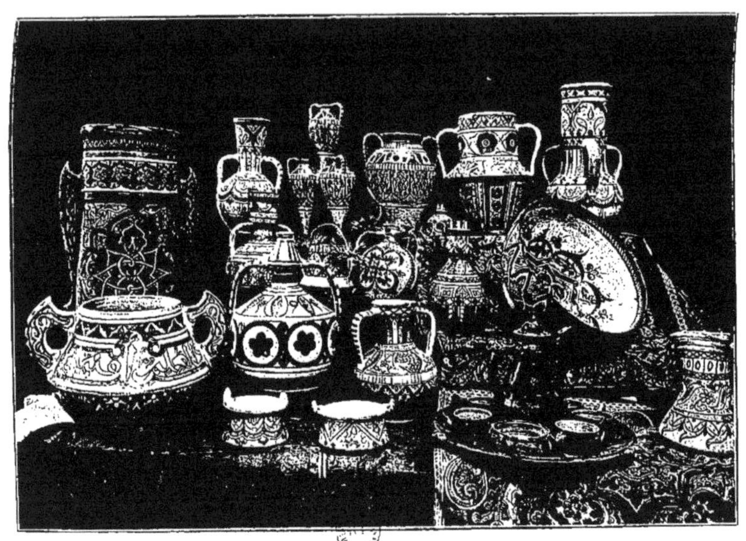

Groupe de poteries tunisiennes et marocaines

(Céramique Orientale de C.-G. Langlois)

Je veux parler de la *céramique*, et principalement de la céramique dans ses rapports avec l'architecture.

De la Céramique architecturale

Il est absolument inexplicable qu'un pays qui, tant pour la décoration de ses édifices publics, de ses maisons particulières que de ses promenades, consomme une si grande quantité de motifs céramiques et de plaques de revêtement, demeure tributaire des autres régions et ne songe pas ou ne réussisse pas à fabriquer lui-même ces objets, alors que cet art est de la pratique la plus aisée, de l'établissement le moins coûteux et que les matériaux en sont pour ainsi dire à la portée de la main.

Est-il besoin d'ajouter que la céramique architecturale est un art oriental par excellence, et qu'il est à tous les points de vue désolant que l'Algérie ait été jusqu'ici incapable de s'y adonner?

Aussi qu'arrive-t-il? C'est qu'à part les anciens édifices, dont les belles décorations céramiques disparaissent peu à peu pour toutes sortes de raison, dont la plus grave n'est pas l'injure du temps, les édifices modernes sont revêtus de plaques qui sont réellement affligeantes pour l'œil par leur sécheresse de matière, la banalité de leur décoration et la discordance de leur coloris.

Aucun édifice, si réussi soit-il, n'échappe à la sévérité de cette observation.

Ce qui fait défaut surtout dans la Médersa d'Alger et dans celle de Tlemcen, c'est une bonne décoration céramique. Je ne suis pas de ceux qui critiquent les édifices de M. Petit. Je les trouve d'une conception excellente, d'un savoir réfléchi et raisonné et de bonnes proportions dans leur ensemble. Une conversation assez longue avec cet architecte m'a convaincu de son mérite et de ses bonnes intentions. J'augure bien des édifices qu'il est en train d'étudier pour Beni-Ounif de Figuig.

La seule seule réserve que je fais à son égard, c'est qu'il n'a point du tout le sens de la matière céramique et qu'il a une tendance sur ce point seulement à employer les décorations trop correctes, trop sèches, trop cartonneuses, et à ne point leur préférer, lorsqu'elles se rencontrent, les céramiques à émail onctueux, à exécution au besoin un peu irrégulière, un peu naïve, qui, par cette légère gaucherie même, caractéristique de toutes les belles faïences anciennes, favorisent les jeux de la lumière et prennent un aspect infiniment plus opulent et plus beau que les produits trop corrects que l'on fait d'ailleurs payer plus cher.

Or, j'ai eu l'occasion de voir deux tentatives absolument différentes, et qui me fournissent deux exemples d'autant plus frappants de ce que l'Algérie doit faire en ce sens et ce qu'elle doit éviter.

M. Soupireau, qui est je crois un des fournisseurs des édifices récents, en cours ou en projet, a peut-être le sens de la véritable céramique. Mais il est certain que dans l'exécution il s'en éloigne autant qu'il est possible.

Son industrie consiste principalement à faire venir des carreaux tout cuits et tout émaillés de Marseille, et à les faire décorer par des ouvriers européens suivant des modèles plus ou moins orientaux. En vérité on croit rêver quand on voit subsister de pareils errements. Cela ressemble autant à de la céramique que les travaux que l'on fait exécuter dans les pensionnats de jeunes filles, où les élèves copient avec l'aide de leur professeur des modèles sur des assiettes qu'une bonne portera chez un cuiseur quelconque.

Pourtant M. Soupireau n'ignore point qu'il ne fait pas œuvre de céramiste. Il a été surpris lorsque M. Rochegrosse lui a demandé pour les frises de paons dont il a décoré sa villa, cette espèce de gaucherie, de naïveté d'exécution qui donnent tant de souplesse et de frémissement à l'ensemble. Mais il s'est plié à cette artistique exigence, et il a réussi, au moins dans ce travail, à donner autre chose que des émaux irréprochables — irréprochables, lorsqu'il s'agit de faire des plaques de rues.

Au contraire, j'ai constaté avec le plus grand plaisir les tentatives de M. Langlois, aux usines Charles-Quint. Celui-ci est entièrement, comme conception et comme exécution, dans l'esprit de ce qu'il convient de faire. M. Langlois s'est parfaitement rendu compte que dans la céramique architecturale, la perfection de la matière est chose tout à fait secondaire. La plus grosse terre, cuite dans des fours rudimentaires, suffit parfaitement du moment que l'émail qu'elle supporte est riche et gras. Les plus beaux carreaux persans, ainsi que les plus somptueux de l'Asie Mineure, sont en une terre et d'une façon qui donneraient à sourire, s'ils l'osaient, aux spécialistes d'aujourd'hui, qui réservent toute la perfection de l'ouvrage pour la partie que l'on ne voit pas. Les imitations qu'a tenté M. Langlois de quelques anciens modèles sont réussies. Du jour où il lui sera confié des modèles originaux et où il les traitera avec cette liberté d'exécution et cette richesse de couleur, il aura en grande partie satisfait aux besoins que je viens de formuler.

Les essais de poterie que j'ai également vus chez lui m'ont paru au moins égaux sinon supérieurs aux produits de Nabeul. De même ses expériences en imitations de poteries kabyles sont intéressantes.

Mais il est une remarque encore plus importante que j'ai eu le plaisir de faire chez ce manufacturier qui a vraiment l'esprit d'un artiste : c'est qu'il avait recours à des ouvriers indigènes pour l'aider et qu'il avait confiance dans leur initiative et dans leur instinct décoratif.

C'est ainsi qu'il a un de ces collaborateurs qui, à main levée, sans tracé préalable, et sans modèle bien arrêté, décore les poteries d'arabesques qui ne sont jamais rigoureusement les mêmes pour chaque pièce, et qui ont, en même temps qu'une certaine élégance, un caractère de race très accusé.

Voilà donc encore une preuve, et assez inattendue, des aptitudes des indigènes en matière d'art décoratif, aptitudes qui ne demandent qu'à se montrer à qui les sait voir, et qu'à donner de bons résultats lorsqu'on sait y recourir à propos.

C'est dans cet esprit-là que l'entente peut se faire entre les deux courants artistiques, l'européen et l'indigène ; et c'est par une suite d'expériences et d'efforts semblables qu'il sera possible de se rendre compte si un art original doit, ou non, sortir de ces contacts.

Cette observation me ramène au point de départ de mon étude, et je terminerais ici ce rapport si je n'avais pas encore à brièvement traiter une ou deux questions qui, tout en faisant partie de mon enquête, ne se rattachaient pas directement à celles que je viens d'examiner.

Musées

La première est celle des musées.

La création d'un musée des beaux-arts, peinture, sculpture et gravure modernes, à Alger, est encore trop peu avancée pour que je puisse la traiter à fond ici avec utilité. D'ailleurs, à elle seule elle nécessiterait un rapport spécial presque aussi étendu que celui-ci.

Il est certain que la concession, par le Gouvernement général, d'une partie du jardin dépendant du Palais d'Eté, pour la construction d'un musée, serait accueillie avec une grande reconnaissance par tous ceux qui aiment les arts.

Deux principes devraient présider à cette fondation.

A. — Avant tout, éviter une construction ruineuse et surchargée des fantaisies décoratives dont les architectes ne sont jamais à court. Un édifice simple, de proportions harmonieuses et de décorations sobre s'impose.

Ce qui est nécessaire dans un musée moderne, c'est la bonne distribution de l'espace et de la lumière, le confortable et la simplicité du mobilier, et le choix heureux dans les tons des parois, afin de mettre les œuvres en valeur, et de ne faire parler qu'elles seules.

B. — Ce musée devant être avant tout une histoire des arts, surtout à ses débuts, pourrait réserver une assez large place aux magnifiques reproductions des chefs-d'œuvre, qui se font maintenant avec une si grande perfection.

Mais il faudrait se garder de s'engager avec un seul photographe, comme le Louvre l'a fait avec la maison Braun. Les plus grands inconvénients résultent de ces sortes de monopoles. Cette maison, dont l'excellence n'est pas en cause, ainsi que les maisons Alinari Anderson, Hanfstœngel, la Photographische Gesellchaft, Giraudon, etc., pourraient être également mises à contribution.

Quant aux œuvres originales, — et c'est la le plus grand des deux écueils à éviter, — elles devraient être rigoureusement choisies. Il est bon d'une manière générale de se défier des *envois de l'Etat* après chaque exposition annuelle. Ces œuvres vieillissent vite, sont d'un mauvais exemple, et ne constituent nullement une richesse pour un musée. C'est ainsi que ces musées de province, même assez importants qui en furent encombrés, ne sont que des capharnaüms dont il faudrait plutôt éloigner les jeunes gens, car ils peuvent irrémédiablement fausser une vocation artistique.

Les envois de l'Etat ne devraient donc être acceptés que sous bénéfice d'inventaire. Quant aux achats, il semble que le meilleur moyen soit de les soumettre au suffrage d'une commission composée d'artistes, d'écrivains et d'amateurs d'art.

Enfin, et c'est la principale considération, bien qu'elle soit exprimée ici en peu de mots : tant vaudra le conservateur, tant vaudra le musée.

Mais mieux vaut la totale absence de musée que l'existence de musées tels que ceux d'Oran et de Philippeville, — je ne fais allusion qu'aux soi-disant collections de peintures, — car leurs salles ne peuvent que faire sourire les gens informés, ou donner aux enfants et aux jeunes gens les plus étranges et les plus fâcheuses idées de l'art.

Si l'on ne pouvait trouver de sitôt les éléments d'un musée de peinture et de sculpture à Alger, — les écoles et les maisons d'art dont j'ai parlé pourraient cependant à la longue en fournir le recrutement et l'orientation, — il vaudrait mieux continuer à faire porter l'effort, et à employer les ressources, en faveur de l'augmentation du Musée d'art arabe et d'art antique existant déjà à Mustapha-Supérieur.

Peut-être serait-il préférable de faire venir en ce musée quelques-unes des belles pièces d'art antique du musée de Cherchell où elles sont peu visitées et mal mises en valeur.

Quant à l'extension des salles consacrées aux arts musulmans, il ne sera pas mauvais, dans les salles à créer, d'organiser quelques ensembles, quelques-uns de ces arrangements, même un peu arbitraires, dans des coins spécialement aménagés.

Ces coins choisis et composés suivant le goût du conservateur donnent de l'aisance et du charme à la disposition d'un musée et corrigent le caractère de sécheresse qu'il affecterait facilement. On peut goûter l'effet de ces dispositions au musée du Bardo à Tunis. Elles font mieux valoir les objets que l'exposition dans les vitrines où ils prennent toujours une apparence de choses mortes.

Au surplus, il n'y aurait à Alger qu'à s'en rapporter au goût et à l'activité de M. Gsell : ils m'ont paru très louables.

La Maison des Artistes

Il devrait exister à Alger en dehors des musées une Maison des Artistes.

Cette maison peut être créée sans une aussi grande dépense qu'on pourrait le croire. Son emplacement existe, et il est merveilleux. C'est la Maison des Abdeltif, au-dessus du Jardin d'Essai. Elle est admirable, et elle en train de tomber en ruines. Cette demeure qui est encore ravissante malgré son état de délabrement est placée de telle sorte que les plus belles leçons de la lumière et les plus belles richesses de la nature s'y trouveraient, en quelque sorte, sous la main des artistes qu'on y logerait. Sa terrasse, sa colonnade, sa cour intérieure encore décorée de brillantes céramiques, son entourage de luxuriante verdure en feraient un séjour enviable, et qui, soit comme gracieuseté à l'égard des artistes visitant Alger, soit comme récompense pour les jeunes artistes algériens qui se seraient distingués dans leurs études ou par leurs œuvres, aurait, lui aussi, une heureuse influence. La maison des Abdeltif, que j'ai visitée à plusieurs reprises, est certes en mauvais état. Des toits d'annexes sont effondrés, des ronces poussent un peu partout, des immondices s'entassent dans des coins exquis. Mais remise en état et logeant des artistes au lieu d'abriter aux hasard quelques ouvriers, cette sorte de Villa Médicis et en même temps ce « Künstler-Haus » d'Alger deviendrait vite aussi célèbre qu'enviée[1].

Conclusions

Tels sont les moyens de faire naître ou de développer des courants artistiques en Algérie. Peut-être

1. La villa Abdeltif rétrocédée à l'Administration par la Compagnie Algérienne a été restaurée et remise en état pour servir de « Maison des Artistes ». Depuis le 15 avril 1907, deux

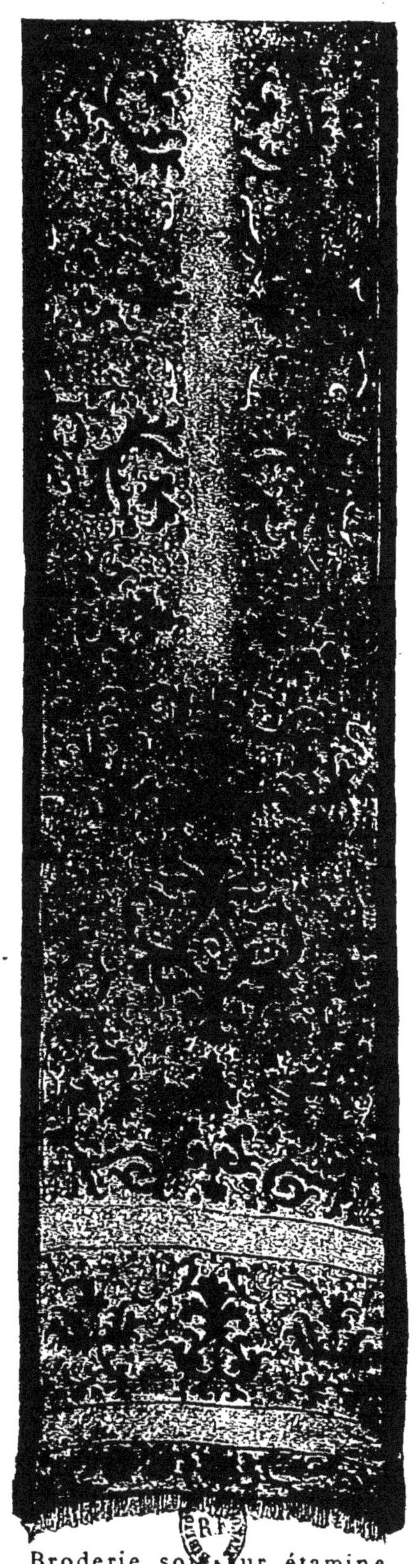

Broderie soie sur étamine

un jour en résultera-t-il un art algérien véritable, important, une école s'affirmant au premier rang des écoles modernes et ayant tout droit de le faire avec fierté.

Il naîtrait de là un art plastique et un art ornemental qu'on s'étonne de ne pas encore voir germer dans une terre si belle et qui pourrait être si inspiratrice.

Toutefois, la création d'un art ornemental européen ayant un caractère tranché, différent de celui qui florit en France, paraît difficile, pour ne pas dire superflue, en ce qui concerne les arts de la parure féminine et, dans une certaine mesure, de l'ameublement.

Il est entendu que Paris donne le ton et qu'il serait inélégant de ne pas suivre la mode.

A côté de ce que l'on créera ici plus ou moins facilement, et suivant des circonstances heureuses, il y a ce qu'il ne faut pas détruire : c'est l'art indigène, et l'on arriverait très facilement à le détruire par la mésalliance des genres.

Une observation également importante, pour terminer, a trait aux restaurations inconsidérées des objets d'art, soit destinés aux musées, soit conservés encore dans les édifices.

A Tlemcen, où sous prétexte de construction et d'aménagement d'un musée on s'est contenté de défigurer à jamais et irrémédiablement une charmante mosquée, on a fait subir au lustre de la mosquée le traitement d'astiquage le plus outrageant. D'un objet opulent et vénérable on a réussi à faire un objet de bazar.

Il est à craindre que d'autres édifices, à Tlemcen, soient menacés, soit de semblables dommages, soit même, paraît-il (la mosquée de Sidi-el-Haloui notamment), de travaux voisins qui altéreraient leur ordre et leur entourage d'une façon déplorable. Ce serait un grand malheur que cette ville originale encore entre toutes, malgré les mauvais traitements et les démolitions dont elle a déjà été victime, fût le terrain d'élection du vandalisme.

Je ne veux pas demeurer, Monsieur le Gouverneur général, sur l'impression de ces dernières mais indispensables critiques.

Je préfère revenir sur les espérances exprimées au début de ce rapport, et sur les convictions profondes qui l'ont inspiré dans son ensemble : cette foi dans l'avenir artistique de l'Algérie ne venait point d'une idée préconçue ; elle est née d'une observation attentive du génie des races, et des ressources immenses de la nature.

De l'alliance entre ces deux éléments peut et doit naître un art plein de force et de joie.

Peut-être les moyens préconisés pour le développer paraîtraient-ils à certains un peu en dehors des idées courantes, ou tout au moins réalisables seulement à longue échéance.

Mais la première de ces considérations n'est pas, Monsieur le Gouverneur général, de nature à vous arrêter si vous jugez dignes d'approbation quelques-unes des idées proposées ici. Quant à la seconde, elle ne prouverait qu'une chose : c'est qu'à la reconnaissance des artistes du temps présent se joindrait l'admiration de nos successeurs envers celui qui aurait préparé la récolte.

Alger, 15 février 1905.

ARSÈNE ALEXANDRE.

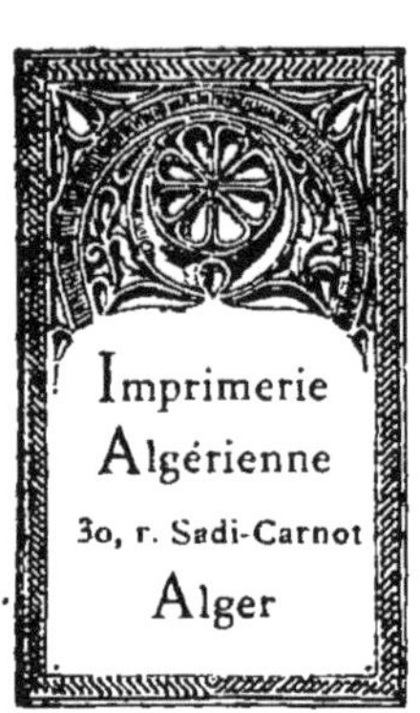

Imprimerie Algérienne, 3o, r. Sadi-Carnot, Alger

AKHBAR

JOURNAL DE L'ALGÉRIE

POLITIQUE, ÉCONOMIQUE ET LITTÉRAIRE

Paraît tous les Dimanches sur huit pages

Directeur : **Victor Barrucand**

Administration et Rédaction : 11 bis, rue Sadi-Carnot, Alger

L'*Akhbar*, rédigé en français et en arabe, a pour programme le rapprochement des races dans l'Afrique du Nord par l'association de leurs intérêts.

La partie littéraire de l'*Akhbar*, toujours très soignée et inédite, a publié, de 1903 à 1907, les œuvres complètes d'ISABELLE EBERHARDT et les poèmes africains de Mme LUCIE DELARUE-MARDRUS.

ABONNEMENTS :

Un an, 10 fr. — Six mois, 5 fr. — Trois mois, 2 fr. 50.

ANNONCES :

Les annonces sont reçues : à Alger, au bureau du journal,

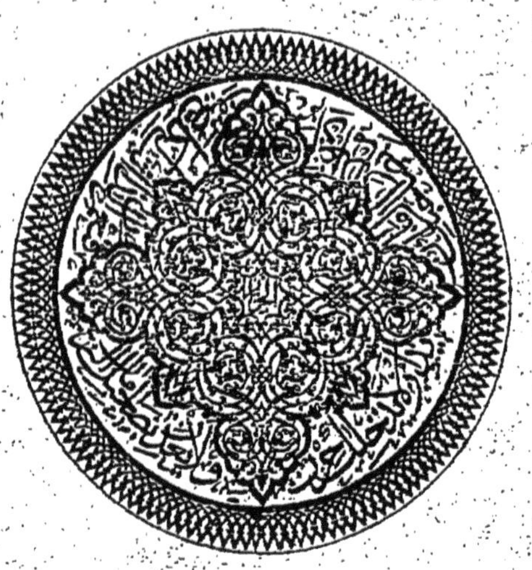